RÉFLEXIONS

sur

LES INSTITUTIONS

ET LOIS FRANÇAISES.

Paris, 1825.

RÉFLEXIONS

SUR

LES INSTITUTIONS

ET LOIS FRANÇAISES,

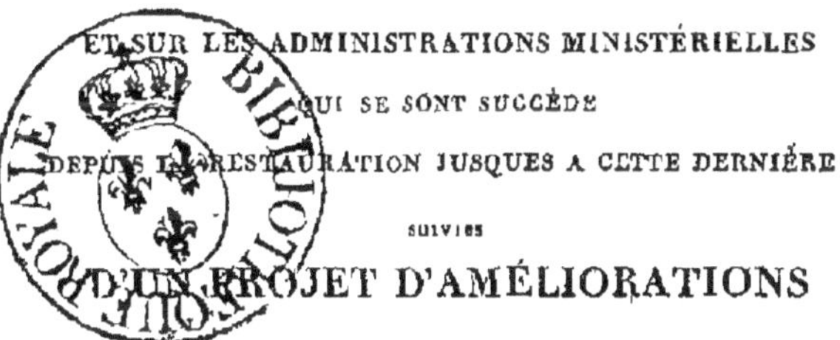

ET SUR LES ADMINISTRATIONS MINISTÉRIELLES

QUI SE SONT SUCCÉDÉ

DEPUIS LA RESTAURATION JUSQUES A CETTE DERNIÈRE,

SUIVIES

D'UN PROJET D'AMÉLIORATIONS

ET D'UN PLAN

SOUMIS AUX PUISSANCES DE LA SAINTE-ALLIANCE.

La proposition de M. le marquis Barthélemi (1) faite à la chambre des pairs au sujet de la loi du 5 février, relative aux élections, fut qualifiée d'incendiaire par l'ex-ministre Decaze, qui fit nommer soixante pairs de la création des cent jours pour la faire rejeter; à cette époque, des fonctionnaires complaisans sous tous les régimes, et dont les principes politiques et administratifs varient à chaque change-

---

(1) Déporté au 18 fructidor. Sa Majesté, dans une audience accordée au noble pair, le 2 octobre 1824, lui adressa les paroles les plus flatteuses sur sa déportation à *Sinamary*.

ment du ministère, firent l'apologie de cette loi.

L'expérience a justifié la nécessité de modifier cette loi, qui a été aussi funeste à la France que la dissolution de la chambre de 1815, et que l'ordonnance du 5 septembre; les royalistes, qui n'ont jamais cessé de combattre pour la cause sacrée de la légitimité, et qui n'ont jamais séparé l'amour de la patrie de la fidélité à l'auguste dynastie des Bourbons, furent destitués en 1818, et remplacés par les parjures des cent jours (1).

---

(1) Discours de M. de Frénilly à la chambre des députés, séance du 27 février 1822 :

« Six années d'un ministère complice, aveuglé sur tous les complots ; la religion négligée ; l'éducation pervertie ; la fidélité méprisée, amnistiée ou punie ; la presse fatiguée des écrits honteux, horribles et déplorables ; enfin partout des lois, des actes ou des hommes pusillanimes, contre des dangers flagrans et terribles ; tout cela, Messieurs, nous a conduits jusqu'à ce jour où l'on n'a pu, sans que la France se soulevât d'horreur, entendre dire à cette tribune, que cette France, ce vieux patrimoine des Bourbons, avait vu le retour des Bourbons avec répugnance, où l'on a pu saluer du nom d'immortel celui qui appelait la jeunesse française de *la chair à canon*, l'homme qui ensevelissait quatre cent mille Français dans les glaces du Nord ; tandis que, fatigué et non rassasié de cette grande consommation, il abandonnait leurs misérables restes à la pitié des Cosaques, pour venir se réfugier aux Tuileries ; à Dieu ne plaise qu'il ne soit immortel ! »

Extrait de l'adresse du conseil municipal de la ville de Metz à Sa Majesté :

« Si la clémence des rois est une vertu dans les tems calmes

Quels événemens calamiteux ne sont-ils pas
survenus depuis l'époque de l'ordonnance

---

et de prospérités publiques, elle est une calamité dans les
tems de désordres. »

Extrait des adresses du conseil municipal et du tribunal civil de la ville de Toulon à Sa Majesté :

« Sire, qu'une prompte et éclatante justice, en frappant
des coupables, fasse voir à l'Europe que les lois des sermens
et les règles de l'honneur n'ont point été violées impunément ;
Sire, l'affermissement de la monarchie légitime, seul garant
de vos sujets et la tranquillité publique, ne sera assuré que
lorsque tout reposera sur des bases monarchiques, que les
lois et les institutions seront en harmonie avec le principe
social et conservateur, et que le choix des hommes chargés
de les faire exécuter ne tombera que sur des personnes sûres
et qui y seront invariablement attachées. »

« Tous les Français seront rassurés, a dit un grand ministre (feu M. le duc de Richelieu), quand ils verront désor-
mais les emplois publics confiés à des hommes éprouvés par
leur intégrité, leurs lumières, et surtout leur dévouement au
Roi et à son auguste dynastie. C'est la meilleure garantie de
la solidité du gouvernement royal que l'on puisse donner au
peuple. »

M. le général comte de La Poterie, séance du 28 mai 1824 :

« En 1818, à cette époque une funeste influence dominait
dans les chambres, et par une inconcevable subversion de tous
principes et de toute raison, toute opinion royaliste était re-
poussée comme dangereuse ennemie du gouvernement du
Roi. »

Passage du discours de M. Sallabery, prononcé le 21 février 1826 :

« Pendant cinq ans, à dater de l'ordonnance du 5 septembre, sous des ministères plus qu'équivoques et de plus d'une
couleur de maligne influence, l'homme de bien comptait par

du 5 septembre, et principalement sous l'administration ministérielle de M. Decaze et celle des autres ex-ministres qui lui ont succédé! la rentrée illégale des régicides et autres grands coupables bannis solennellement par une loi; la nomination d'un régicide à la chambre des députés, l'horrible assassinat d'un prince du sang, le projet infernal mis à exécution par les sicaires de l'infâme *Louvel*, pour tâcher de faire périr dans le sein de l'auguste princesse l'illustre rejeton que le ciel a réservé à la France,

---

ordonnance, comme les Péruviens par les tremblemens de terre.

» Point d'alternative, a dit le même député, dans la séance du 29 mai 1816; le salut de l'état commande deux licenciemens; celui de l'armée a été effectué, celui de l'armée invisible, et beaucoup plus coupable, n'a jamais été fait. Quiconque s'est montré fidèle pendant les cent jours, et ne s'est pas démenti, est et mérite d'être au rang des Français qui ont toujours été sans reproches. Oui, pendant les cent jours le soleil a éclairé cette vérité; nul coupable ne saurait se dérober à sa lumière accusatrice; nul juste ne peut craindre de ne pas avoir été vu pendant les cent jours.

» En 1818 et 1819, les Decaze et Pasquier ont préféré les coupables des cent jours pour leur donner les emplois des royalistes qu'ils destituaient; une grande épuration devient encore indispensable, soit dans les fonctionnaires publics comme dans la bureaucratie; sans cette nouvelle épuration, le gouvernement, a dit M. de Montlosier, malgré les triomphes de la Péninsule et de l'assemblée septennale, doit se méfier des succès du moment; tant qu'il tiendra la révolution à ses côtés, il ne peut y avoir ni triomphes certains ni gloire durable.

que l'on nomme avec raison l'enfant du miracle ; l'organisation de la guerre civile ; le renouvellement d'un attentat des plus criminels commis non loin des appartemens occupés par le souverain.

La dernière administration ministérielle n'est pas plutôt organisée, que des audacieux, encouragés par les dignes successeurs des régicides, trompent des malheureux pères de familles et des jeunes étourdis de différentes écoles pour arborer l'étendard de la révolte contre le gouvernement légitime : voilà le spectacle de la France qui était offert à toute l'Europe que les cannibales ont ensanglantée de nouveau.

Les lois répressives sur la liberté de la presse ne s'exécutent pas comme elles devraient l'être ; une nouvelle loi organique sur la tolérance de cette liberté devient nécessaire pour réprimer les abus dont se rendent coupables les journaux licencieux ; la secte impie, qui est en conspiration permanente contre tous les souverains et les peuples de l'Europe, se sert de ses pamphlets pour applaudir à toutes les insurrections.

La situation de la malheureuse Espagne n'offrait-elle pas le redoutable aspect d'un immense volcan prêt à lancer sur l'Europe la masse incalculable d'une lave embrasée ?

Les souverains alliés, et enfin tous les sou-

verains du continent , après avoir brisé le
sceptre de fer de l'usurpateur (1) , souffriront-

---

(1) Si ceux des grands fonctionnaires qui se disent aujour-
d'hui royalistes avaient imité le noble exemple de MM l'abbé
Delille et Ducis, et avaient montré le caractère du noble pair
Lanjuinais, l'usurpateur n'eût jamais souillé le palais de rois
légitimes.

PROPHÉTIE DE M. L'ABBÉ DELILLE.

C'est ton heureux pays qui vit former leurs chaînes,
Toi, qui du Nord charmé viens de saisir les rênes,
Jeune et digne héritier de l'empire des czars.
Sur toi le monde entier a fixé ses regards.
Quels prodiges nouveaux vont signaler ta course!
Tel que l'astre du Nord, le char brillant de l'ourse,
Toujours visible aux yeux dans ton climat glacé,
Comme un phare éternel par les dieux fut placé.
Ton regard vigilant, du fond du pole arctique,
Sans cesse éclairera l'horizon politique.
Ta sagesse saura combien est dangereux
Le succès corrupteur des attentats heureux.
Oui, tu protégeras le prince déplorable
Que relève à tes yeux une chute honorable,
Qui, d'un œil paternel pleurant des fils ingrats,
L'olive dans la main en vain leur tend les bras.
Quel malheur plus touchant, quelle cause plus juste
Réclament le secours de ta puissance auguste?
Souviens-toi de ton nom : Alexandre autrefois
Fit monter un vieillard sur le trône des rois.
Sur le front de Louis tu mettras la couronne :
Le sceptre le plus beau, c'est celui que l'on donne.

L'USURPATEUR DÉPEINT PAR M. DUCIS.

Qu'avez-vous fait, pauvres Gaulois,
Dans votre aveugle inquiétude?
On a supposé votre choix;
Un tyran succède à vos rois.

ils plus long-tems la tyrannie qu'exerce l'orgueilleuse Albion sur un domaine qui appar-

---

Leur joug était-il donc si rude?
Tant de lauriers et tant d'exploits
Vous ont conquis la servitude.
Peuple enfant, crédule et léger,
Toujours prêt à rire, à combattre,
Ne connaissant aucun danger,
Mais aussi qu'un rien peut abattre,
Quoi! l'on ose vous égorger,
Et vous n'osez pas vous débattre!
Ne fût-ce, hélas! que pour changer,
Français, pourquoi ne pas songer
Quelquefois au sang d'Henri-Quatre!....
Quoi! de Henri le sceptre aimable;
Quoi! le trône de saint Louis
Sont le partage, dans Paris,
D'un aventurier misérable?

SUR LA MORT DU DUC D'ENGHIEN.

O nuit sanglante, nuit cruelle!
Dans ton ombre au crime fidèle,
Que vas-tu produire? Pourquoi,
Jeune Enghien, pur sang de mon roi,
Quand ton œil de vie étincelle,
Entends-tu la pioche et la pelle
Qui creuse une fosse pour toi
Au pied du donjon de Vincenne,
Où l'on jette, où l'on cache à peine
Le fils du vainqueur de Rocroy,
Dont le nom, la gloire naissante,
La grâce et la valeur croissante,
Vil tyran, t'ont glacé d'effroi!
Quel servile outil de son maître,
Quand le fusil te menaça,

tient à toutes les nations de l'univers ? Les peuples et les rois, depuis les bords du Gange
jusqu'aux rives du Bosphore , ne désirent-ils
pas la fin de cette tyrannie? C'est le grand
Alexandre, le fondateur du pacte fédéral con-
tracté par les grandes puissances sous le nom
de la Sainte-Alliance , qui sera le premier ven-
geur de ce gouvernement machiavélique qui ne
respecte aucun droit des nations. Ne vient-il pas
tout récemment de reconnaître des gouvernemens organisés en république par des insurgés
et des rebelles envers leur souverain légitime ?
Ce gouvernement ne se place-t-il pas en état
d'hostilité, non-seulement à l'égard de l'Espagne, mais encore à l'égard des autres puissances? D'après l'aveu et l'assentiment de lord
Canning, la France n'a fait que secourir l'Espagne contre des sujets rebelles , et aujourd'hui
le même ministre traite avec les insurgés. Des
révolutionnaires auraient désiré que la France
se fût rendue coupable d'un traité aussi désho-

A tes mains jointes refusa
Les derniers secours d'un saint prêtre !
Une lanterne sur ton sein
Fut fixée, et dans la nuit sombre ,
Astre affreux, dirigea dans l'ombre
Le plomb du plus lâche assassin.

DUCIS.

norant. (Le tems est un grand maître.) Il est réservé à un grand monarque de frapper le cœur de ce colosse aquatique.

Alexandre-le-Conquérant a eu la gloire de pénétrer et de traverser l'une des contrées les plus riches et les plus peuplées de l'Inde. Alexandre n'ayant rien appris des pluies périodiques de l'Inde, cette connaissance l'eût aidé à mieux choisir le tems des opérations militaires, et il n'eût pas été obligé de s'en retourner par la résistance que mit son armée qui avait si cruellement souffert des pluies continuelles en se refusant d'aller plus en avant, ce qu'aurait dû faire cette belle armée française que l'usurpateur fit périr dans les glaces du Nord. Tamerlan évita la faute d'Alexandre en fixant sa campagne de l'Inde pendant la belle saison ; aujourd'hui que tous les souverains de l'Europe ont une connaissance plus exacte pour conduire une armée dans ces vastes contrées, ils ne doivent pas laisser plus long-tems ce peuple et leurs souverains sous la domination de l'usurpateur maritime. C'est par un grand coup d'état politique, européen, que les puissances de la Sainte-Alliance mettront un terme à la tyrannie britannique et à l'anarchie qui désolent les Amériques, et termineront cette guerre cruelle que les malheureux Grecs soutiennen contre un gouvernement barbare qui doit être chassé de l'Europe (1).

Si l'Angleterre veut éviter et prévenir sa destruction, qu'elle ne suive pas l'exemple de Napoléon, qui n'a été que l'instrument dont la Providence, mécontente des rois et des grands, s'est servie, et qu'il entrait dans ses desseins de leur faire éprouver de grandes infortunes ; que l'orgueilleuse Angleterre examine attentivement ce qui s'est passé dans le monde depuis des siècles, elle verra la Providence se manifester, arrêter et punir les conquérans, les tyrans et les ambitieux.

_____

(1) Un état, composé d'une nation des plus distinguées, qui existait sous une des plus anciennes dynasties de l'Europe, quoique électif, ne fut-il pas partagé ? grande faute que fit, à cette époque, le gouvernement français, qui était si puissant pour empêcher ce partage, que l'on disait que, si le roi de France voulait, il ne se tirerait pas un coup de canon en Europe sans sa permission, et, quoi qu'en disent les libéraux, la France n'est pas aussi éloignée qu'ils le pensent pour reprendre ce degré de puissance ; la faute sera encore plus grande, si les quatre grandes puissances de la Sainte-Alliance n'agissent pas de concert loyalement et franchement, et qu'elles diffèrent plus long-tems l'exécution de ce grand acte politique, commandé non-seulement pour l'avantage de tous les peuples et des rois, mais encore pour leur propre salut contre une espèce de gouvernement dont son code n'est composé que de lois barbares, et dont le despote est sans cesse exposé à être décapité par une populace incivilisée, appelée *janissaires*. C'est le seul moyen de mettre un frein à l'ambition tyrannique de la nouvelle Carthage.

Quand les souverains alliés ont proscrit dans leurs états la société des francs-maçons et autres semblables, le gouvernement français devait prendre les mêmes mesures contre toutes ces assemblées, qui ne sont composées en grande partie que des libéraux révolutionnaires.

La possession en titre des charges devrait être héréditaire et transmissible comme celle de la haute magistrature de la pairie ; la justice ne sera véritablement indépendante que quand elle cessera d'être administration ; que les magistrats ne seront plus salariés par le gouvernement ; que la gloire de remplir des fonctions aussi honorables que celles de juge leur servira de récompense, sauf à leur accorder des épices que les plaideurs paieront. La nomination des magistrats exercée par un ministre de la justice est un privilége créé par la révolution ; ce ministère devenant pour lors inutile, ce serait une économie importante, et le grand-chancelier redeviendrait ce qu'il était autrefois, le chef de la justice. La justice de paix exercée gratuitement devrait être la seule à la nomination à vie par le souverain ; accorder aux juges de paix le droit de nommer leurs huissiers salariés par les différentes communes du canton, ainsi que cela se pratiquait lors de la création de cette bienfaisante institution, que l'on doit à l'auguste et infortuné *Louis XVI.*

En rendant à ce tribunal de paix l'attribution qu'il avait de la police correctionnelle pour les simples délits, et en étendant sa compétence de 5o francs sans appel à celle de 1oo francs, et de 1oo francs sans appel jusqu'à 3oo francs, avec le concours de deux suppléans ; supprimer une fonction contraire à la dignité de cette justice honorable et paternelle, celle qui oblige le juge de paix d'accompagner les huissiers pour exercer la contrainte par corps à domicile, loi qui devrait être revisée. (1) Un juge de paix serait pour lors entouré d'une considération plus distinguée.

Des tribunaux criminels ne seraient-ils pas plus convenables que des cours d'assises qui ne sont présidées, le plus souvent, que par de jeunes conseillers dont l'incapacité ou le défaut d'expérience dans les affaires criminelles compromet l'existence de l'innocent et laisse échapper le coupable au glaive de la justice (2)? Le

---

(1) Buchoris, roi de Thèbes, se rendit célèbre pour avoir fait des dispositions pleines de sagesse sur les contrats, sur les dettes et sur l'intérêt de l'argent. Il abolit l'usage d'emprisonner un débiteur, parce qu'il y avait de la cruauté à laisser un homme à la merci d'un inexorable créancier, de l'injustice à le jeter dans les fers pour satisfaire la cupidité d'un usurier, ou le ressentiment d'un ennemi, et de l'imprudence à priver la société des bras qui pourraient la servir utilement Le commerce se sert rarement de cette loi.

(2) Les frères Verses, de la commune de Cuers, départe-

législateur actuel sera mieux à même d'apprécier si des tribunaux criminels, composés d'un nombre suffisant de magistrats très-probres et très-instruits, ne seraient pas préférables à des jurés dont la plupart ne comprennent point les questions qui leur sont posées par le président. On peut faire d'autres objections contre cette institution anglomane ; si elle convient aux Anglais, ce n'est pas une raison qu'elle convienne aux Français (opinion de deux célèbres écrivains). Quoique, dans nos institutions, nous ayons deux chambres comme en Angleterre, il ne s'ehsuit pas que les principes de notre gouvernement soient les mêmes que ceux du gouvernement anglais ; les Anglais reconnaissent les députés pour les représentans de la nation, et font dériver la souveraineté du peuple, au lieu que les Français ne reconnaissent pour leurs représentans que le souverain légitime, dont la souveraineté ne dérive que de Dieu.

Créer en titres toutes les charges de juges,

---

ment du Var, furent condamnés à la peine capitale, aux assises de Draguignan, dans le courant de mai 1819, présidée par M. Berger, conseiller à la cour royale d'Aix. Ces individus auraient été exécutés, si le véritable auteur du crime n'avait pas dévoilé à la justice l'innocence des deux frères injustement condamnés.

greffiers, notaires, avoués, huissiers, agens de change, courtiers de commerce, receveurs-généraux et particuliers, de même que les maîtrises qui fixeraient des limites à chaque profession pour n'être plus exercées par des gens sans aveu, le gouvernement retirerait des sommes considérables et ne paierait plus d'intérêts de cautionnemens; ces institutions attacheraient les sujets à leur roi et à leur patrie. (1) Les intrigans crieront à la vénalité, mot banal pour en imposer aux êtres pusillanimes. La vénalité de l'intrigue est-elle préférable à celle des finances? L'une met en place bien souvent le misérable ignorant qui, au sortir d'un tribunal, n'inspire aucun respect au peuple; l'autre, au contraire, place celui dont la fortune lui a permis de recevoir l'instruction nécessaire pour acquérir cette charge, et, après avoir fait preuve des connaissances exigées par la loi, inspirerait une plus grande

---

(1) L'association se composait principalement de maîtres, et la maîtrise ne s'obtenait qu'après avoir fait preuve d'habileté et de bonne conduite; tous les intérêts étaient moins exposés à être trompés; des familles d'artisans et les apprentis trouvaient dans cette organisation la meilleure garantie qu'ils pussent avoir, puisqu'elle encourageait par des avantages également justes et stables.

Tous les honnêtes marchands et artisans ne cessent de réclamer leur rétablissement.

confiance, et serait honoré d'un plus grand respect (1).

Le Génois Corvetto, ex-ministre des finances, de douloureuse mémoire, fit naturaliser des Italiens, des Génois et des Savoyards, dont le plus grand nombre sont des révolutionnaires de leurs pays, réfugiés en France, pour les placer dans les douanes et dans les droits réunis. Si les autorités locales en faisaient le rapport au ministre des finances, nul doute que le ministre des finances ne les fît remplacer par les véritables enfans de la patrie, dévoués à l'auguste dynastie des Bourbons.

---

(1) Art. 58 de la charte. « Les juges nommés par le Roi sont inamovibles » Art. 37. « Le renouvellement de la chambre des députés était annuel par cinquième ; » mais lorsque l'expérience fait sentir le besoin d'améliorer et de perfectionner tels articles de la charte s'y refuse, a dit le ministre de l'intérieur, M. de Corbière, ce serait contredire l'ensemble de cette loi fondamentale. Cette question a été résolue dans deux circonstances graves, dans celle du changement de la loi de l'élection et dans celle du renouvellement intégral et septennal de la chambre des députés . cette dernière est tout aussi grave que les deux précédentes ; les postulans, institués juges moyennant le droit de finances, et après qu'ils auraient acquis l'instruction nécessaire voulue par la loi ; cette charge leur appartenant, elle est encore plus qu'inamovible, et serait entièrement indépendante et beaucoup plus respectable ; il s'ensuivrait la réforme économique d'un ministère, le grand-chancelier redevenant, comme autrefois, le chef de la justice.

Toutes les améliorations doivent tendre enfin à rendre le Roi très-puissant et le peuple très-heureux.

Réviser les lois dangereuses et oppressives, débarbouiller enfin toutes nos lois, des lois révolutionnaires, décrets directoriaux, consulaires et impériaux, sans qu'il soient toujours rappelés dans les ordonnances, dans les actes administratifs et judiciaires, observation qui a été faite par M. de la Bourdonnaye, à la séance du 22 mai dernier; apprenons enfin au gouvernement qu'on ne fondera jamais une monarchie légitime sur les décrets d'une assemblée factieuse et sur les décrets du directoire, de l'usurpation et de la tyrannie; abrogeons toutes ces lois. Le gouvernement s'est décidé, d'après les réclamations qui ont été faites à ce sujet, par faire rendre une ordonnance qui crée une commission, composée d'hommes des plus instruits, pour procéder à cette révision, que les ministres ne craignent point de s'armer de la faux de la légitimité pour élaguer ces nouveaux abus, enfantés par la révolution, et en n'accordant des emplois qu'à ceux qui ont donné des gages à la légitimité de l'auguste dynastie des Bourbons.

La majorité des Français demande la réforme de l'éducation publique, laquelle ne devrait être confiée qu'à des corps enseignans, religieux séparés du monde, dans les nouvelles écoles que la révolution nous a léguées sous les noms de *lycée*, *mutuel*, etc. Les élèves y pui-

sent des principes libéraux, qui empoisonne-
ront la génération actuelle. Quelle différence
de principe et d'esprit de religion dont sont
animés les élèves qui sortent des écoles chré-
tiennes des frères, d'avec ceux qui sortent des
autres écoles publiques!

La révolution ayant enlevé aux ministres de
notre religion leur patrimoine, que le gouvernement, qui favorise des dotations que les
ames pieuses leur font, leur rende leurs an-
ciens droits, de résigner leurs cures, canoni-
cats et autres bénéfices, remettre les succursales
en paroisses comme autrefois, comme il serait également plus convenable que le clergé
fût chargé des registres de l'état civil, attendu
que le peuple, en général, a plus de confiance
aux actes civils passés à l'église qu'à la commune.

Quelle différence entre les philosophes de
ce siècle, qui ne cherchent à se faire admirer
que par de grands mots vides de sens pour
tromper et égarer le peuple, d'avec ces religieux ou ecclésiastiques qui sacrifient leur vie
pour conserver celle des autres, et qui vont
remplir des missions dans des régions loin-
taines pour le bien public, et pour préparer
les voies de l'humanité. La véritable lumière du
siècle est celle qui a éclairé le peuple sur le
compte de tous les charlatans révolutionnaires

dont il a été la victime (1), la plupart partisans de tous les gouvernemens de fait parvenus successivement au ministère : ils n'ont jamais eu d'autre mérite que celui de s'enrichir, bien loin de s'être distingués par des améliorations. Pourquoi des pensions sont-elles accordées à cette multiplicité de ci-devant Monseigneurs, qui ne sont passés au ministère que comme des ombres pernicieuses? De ce nombre, il faut en excepter feu Mgr le duc de Richelieu, les ducs de Montmorency et de Bellune, le premier président du conseil des ministres, pour lesquels l'ex-ministre Decaze sollicita en sa faveur des récompenses, ayant laissé proclamer, dans les journaux soumis à la censure, la retraite de ce ministre comme un triomphe représentant cet événement, comme une ère nou-

____

(1) « Les courtisans qui flattent un roi sont certainement très-coupables, mais ils ne corrompent qu'un seul homme, et s'il devient un tyran, il s'expose à être déposé. Un roi, quelque défectueuse qu'ait été son éducation, en a cependant recueilli quelque instruction ; il est toujours très-difficile de l'égarer en voulant lui persuader qu'une mauvaise action est un acte d'héroïsme ; mais les flatteurs du peuple corrompent une nation entière. Quel affreux cours d'histoire on a fait au peuple de Paris et de province dans les tribunes des jacobins ! Comment les chefs populaires ont-ils parlé au peuple sur les incendies des châteaux, sur les massacres de septembre, sur les pillages et enfin sur tous les excès qui se sont commis?

 » Mme de GENLIS. »

velle (discours de M. Cornet d'Incourt , séance du 28 janvier 1819). Elle le fut réellement nouvelle, puisqu'il s'ensuivit l'assassinat d'un prince du sang , une suite de complots contre la famille royale et la rentrée des régicides. Le duc de Montmorency , plénipotentiaire au congrès de Vérone, ce ministre s'acquitta, avec autant de distinction que de talent , de la mission importante dont il était chargé, qu'il s'est acquis l'estime de tous les souverains de l'Europe, et le dernier, le duc de Bellune, l'un des plus vertueux ministres que la France ait eu depuis la restauration.

Si, en 1815, le ministère avait été composé des hommes d'état véritablement monarchiques, il n'aurait pas fait dissoudre une chambre appelée, à juste titre, la chambre *introuvable ;* il aurait fait constituer cette chambre pour une période septennale, et si ceux qui lui ont succédé jusqu'à ce dernier ministère n'eussent pas été choisis parmi les hommes de la révolution, certes la France n'aurait pas à déplorer la perte d'un prince qui était l'espoir de la patrie, doué d'éminentes qualités, et de cette affabilité si naturelle chez son auguste père, notre bien aimé souverain, et n'eût pas été accablée de toutes sortes de calamités ; la tribune de la chambre n'eût jamais été souillée par ces blasphémateurs démagogues, et no-

tamment par cet ex-député qui fut chassé igno-
minieusement de l'assemblée. Un digne collè-
gue, qui prit sa défense, fit l'aveu que la
France fut étrangère à l'assassinat du roi-mar-
tyr ; que ce fut la faction anarchique et san-
guinaire qui régnait alors ; ce fut donc cette
faction, et non la France , qui recourut à ses
forces nouvelles, citées par l'ex-député, qui eut
l'impudeur d'insulter la nation , quand il osa
dire que les Français avaient vu avec répugnance le retour dès Bourbons ; imposture digne de l'apôtre des jacobins, quand il dit, dans
sa défense, qu'il veut donner cet exemple de
courage à ces braves Vendéens , qui ont donné
tant d'exemples de courage. Où employait-il
lui-même son courage à cette fatale époque ?
peut-être à combattre ces mêmes braves Vendéens qu'il cite. Ce ne sont pas ceux-là qui
l'eussent choisi pour leur député ; ce sont des
électeurs modernes habitans de la Vendée, qui
devraient rougir de honte d'avoir nommé un
semblable député.

Nous possédons , et nous en sommes fiers ,
la plus antique des races royales, comme la
plus féconde en bons et sages princes. Le passage de ce discours de M. Royer-Collard, à la
séance du 24 février 1823, ne fut point applaudi
par le côté gauche. Louis XVIII, qui fut, sans
contredit, du nombre des bons et sages princes,

de sa dynastie, ne voulut point répandre le sang français pour le triomphe du despotisme; la guerre ne fut faite que contre les révolutionnaires espagnols et les auxiliaires proscrits de leur mère-patrie, qui retenaient le roi Ferdinand captif, et pour détruire l'anarchie, qui aurait conduit au despotisme ces mêmes Espagnols, qui se couvrirent de gloire dans la guerre que leur fit l'usurpateur, en sacrifiant le sang français pour le triomphe d'une nouvelle usurpation, tandis que cette dernière n'a été faite que pour le triomphe de la véritable indépendance de cette nation fière et généreuse. M. Royer Collard avait oublié sans doute l'exemple de l'usurpateur, qui ne détruisit l'anarchie que pour faire peser son sceptre de fer sur toutes les nations qui devinrent sa proie. M. Royer-Collard ajoute comment ces gouvernemens protégent les peuples. La Pologne, sanglant berceau de la Sainte-Alliance, est là pour le dire, et l'Italie le dira aussi. Si cet honorable député ne voulait pas mentir à sa conscience, il conviendrait, avec franchise, que la Pologne, l'Italie et l'Espagne furent le sanglant berceau de l'usurpateur; ajoutez-y celui de sa fameuse campagne de Moskou. Aujourd'hui, la Pologne doit son existence politique à la magnanimité de sa majesté l'empereur Alexandre; l'Italie doit son repos et sa tranquillité à la sage prévoyance de sa majesté l'empereur d'Autriche ; la nation espagnole et son auguste souverain doivent leur liberté à la bravoure des valeureux Français commandés par le petit-fils de *Louis-le-Grand*, auquel l'Espagne est redevable de la dynastie qui la gouverne, le prince aussi juste appréciateur qu'éclairé du mérite militaire (1). Quel est le Français qui ne serait pas jaloux de servir sous le commandement du prince magnanime; cette armée pleine d'honneur, que les factieux se flattaient de corrompre, et qui a donné des preuves de sa constante fidélité à son souverain, et a triomphé de tous les ennemis des peuples et des rois.

Quel avenir de prospérités et de puissance pour la France! Une nouvelle chambre septennale a été créée par les députés royalistes, après l'arrivée de S. A. R. Mgr le Dauphin, généralissime d'une armée qui s'est acquis une gloire immortelle, tant par sa bravoure que par sa bonne conduite; armée qui, après avoir re-

______

(1) Son altesse royale le prince généralissime annonce à son auguste père l'étonnant fait d'armes exécuté sous ses yeux ; le prince ajoute que l'ardeur, l'intelligence et l'intrépidité dont il a été témoin lui ont réalisé tous les prodiges des armées françaises dans les guerres précédentes, et qu'il n'est rien d'impossible sur terre à un général qui commande de pareilles troupes.

conquis à l'Espagne, notre fidèle alliée, son souverain légitime, elle a fait reprendre à la France, sa belle patrie, le rang des premières puissances. Quel heureux présage pour S. M. Charles X, l'illustre descendant des plus grands monarques ! A son avènement au plus beau trône de l'Europe, S. M. a assuré, dans son discours à la séance, que le retour des révolutions ne reviendrait plus, et qu'animée des sentimens pour faire le bonheur de son peuple, avec l'aide de Dieu, S. M. serait ferme. La conservation d'un grand ministre, président du conseil, dont feu Louis XVIII fit enfin le choix pour le bonheur de la France, fait présager que la gloire de son règne sera aussi grande que celle de ses augustes aïeux Louis XII, Henri IV et Louis XIV.

Le couronnement et le sacre de Sa Majesté vont enfin faire disparaître les derniers élémens de la révolution. Fasse le ciel que les cœurs endurcis se convertissent, et tâchent de mériter, par leur conduite future, le titre de Français !

Le couronnement de l'usurpateur ne saurait interrompre la suite des couronnemens légitimes : ce fut avec des baïonnettes que l'usurpateur força l'infortuné Pie VI à venir le sacrer, et non pas le couronner, puisqu'il eut l'audace de s'emparer d'une couronne composée d'espèces de lauriers flétris qu'il mit lui-même sur sa tête, en disant : *Deo me la date, gare que la toca.* Elle ne pesa pas long-tems sur sa tête, et malgré *gare que la toca,* Alexandre la lui *arracha.*

L'auguste princesse, S. A. R. la duchesse de Berri, a comblé le vœu de S. M. et celui des Français, en leur donnant un prince, tige sacrée destinée à perpétuer la race chérie des Bourbons.

Vive Charles X!

F. DE S.

DE L'IMPRIMERIE DE PILLET AÎNÉ, RUE CHRISTINE, N° 5.